Dagmar Lange

Frühlings-boten

Franckh-Kosmos

Zu diesem Buch

Der Winter ist vergangen. Im Wald, an Hecken und auf Wiesen erscheint das erste Grün, zeigen sich erste Blüten. Ganz allmählich, von Tag zu Tag, mit zunehmender Erwärmung und Tageslänge erwacht die Natur zu neuem Leben. Die Blüte des Haselstrauchs leitet den Vorfrühling ein, gefolgt von Schneeglöckchen, Scharbockskraut und Busch-Windröschen. Wenn die Apfelblüte einsetzt und die Buchenknospen aufbrechen, ist die größte Blütenfülle erreicht. Bärlauch und Waldmeister öffnen nun ihre Blüten, und langsam geht das helle, zarte Grün des Frühlings in das satte, tiefe Grün des Sommers über.

Jahreszeiten
Nur dort, wo im Laufe des Jahres auffällige periodische Temperatur- und Feuchtigkeitsunterschiede auftreten, gibt es auch das Phänomen der Jahreszeiten: In den gemäßigten Breiten erleben wir Frühling, Sommer, Herbst und Winter. Dabei wechseln auch die Pflanzengesellschaften ihr Aussehen. Dem Frühling und seiner Flora ist dieses Buch gewidmet.

Überwinterung
Frost gefährdet die Pflanzen. Zu ihrem Schutz haben sie zahlreiche Strategien „ersonnen“. Bäume und Sträucher werfen ihr Laub ab, und die jungen Triebe überdauern in geschützten Knospen. Bei vielen krautigen Pflanzen (s. a. vordere Klappe) sterben die oberirdischen Sprosse ab. Bei Rosettenpflanzen und Kriechstauden bleiben die direkt über der Bodenoberfläche liegenden Knospen erhalten. Andere Pflanzen überwintern nur mit unterirdischen Rhizomen, Knollen oder Zwiebeln. Die darin gespeicherten Reservestoffe ermöglichen es ihnen, besonders zeitig im Jahr Blüten zu treiben. Einjährige Pflanzen überdauern als Samen und müssen jedes Jahr erneut die gesamte Pflanze aufbauen.

Laubwälder im Frühjahr
Im zeitigen Frühjahr erwacht zuerst das Leben am Waldboden. Vor der Laubentfaltung ist der Lichteinfall noch kaum behindert. Die lufthaltige Streuschicht und die oberen Bodenschichten erwärmen sich sehr rasch, schneller als die darüber liegenden Luftschichten. Zahlreiche Pflanzen machen sich dies zunutze und beginnen schon mit den ersten warmen Tagen zu blühen. In kurzer Zeit wird der Waldboden zu einem Blütenmeer. Wenn sich die Blätter vollständig entfaltet haben und sich die Kronen schließen, wird es dunkel am Boden. Die Entwick-

lung der Frühjahrsblüher ist abgeschlossen. Die Blätter vergilben und verschwinden fast unbemerkt. Ihre Zwiebeln, Knollen und Rhizome, mit Vorräten prall gefüllt, warten im Boden auf den nächsten Vorfrühling.

Pollenflug

Viele der einheimischen Waldbaumarten, wie Birke, Buche und Eiche, werden vom Wind bestäubt. Auf auffällige Blütenhüllen können sie verzichten, da sie keinen Schauapparat zur Anlockung von Insekten brauchen. Die walzenförmigen, männlichen Kätzchen hängen herab und werden vom Wind bewegt. Windblütler produzieren eine ungeheure Zahl von Pollen: Beim Haselstrauch kommen 2,5 Millionen Pollenkörner auf eine Samenanlage. Da das Blattwerk hinderlich für den Pollenflug wäre, blühen sie meistens vor oder mit der Laubentfaltung. Diese gewaltigen Pollenmengen können Allergikern das Leben schwer machen.

Frühjahrsblüher einfach kennenlernen

Die Pflanzen sind in diesem Buch zunächst nach ihrer Blütenfarbe angeordnet. Die weitere Gliederung erfolgt nach der Blütenform und der Anzahl der Blütenblätter (hintere Klappe). Diese Einteilung ermöglicht ein schnelles Auffinden, auch ohne besondere Vorkenntnisse. In wenigen Fällen sind Pflanzen nicht eindeutig einer Blütenfarbe zuzuordnen. Rot-, rosa- oder violettblühende Arten können auch unter Blau oder Weiß eingeordnet sein oder umgekehrt. Unter „Blüten unscheinbar" sind schließlich Pflanzen mit kaum sichtbaren oder fehlenden Blütenblättern zusammengefaßt. Besonders viele Bäume gehören hierher.
Viele der dargestellten Frühjahrsblüher sind in Mitteleuropa weit verbreitet. Einige davon blühen sogar bis in den Herbst hinein (Tabelle „Blühzeiten", vordere Klappe). Manche wurden wiederum ausgewählt, da sie besonders charakteristisch für bestimmte Landschaften sind. Die unter „Kennzeichen" benutzten botanischen Fachausdrücke sind am Ende des Buches erklärt. Unter „Vorkommen" werden Lebensraum, Bodenansprüche und Verbreitung in Mitteleuropa aufgezählt. Die Rubrik „Wissenswertes" informiert über ganz spezifische Besonderheiten der jeweiligen Pflanze.

Die Zahl der bedrohten Pflanzen nimmt in Deutschland ständig zu. Genaue Artenkenntnis ist eine wichtige Grundlage des angewandten Naturschutzes. Gerade die im Frühjahr noch überschaubare Zahl an blühenden Pflanzen ist eine gute Voraussetzung zum Kennenlernen unserer heimischen Flora und damit zum Vertrautwerden mit der Natur.

Durchwachsenes Hellerkraut

Thlaspi perfoliatum

Kennzeichen: Stengel rund; Blätter ganzrandig, mit herzförmigem Grund sitzend; Schötchen im oberen Teil schwach geflügelt; März–Juni; 5–20 cm, ⊙.
Vorkommen: Lückige Magerrasen, Wegränder, Äcker, Weinberge; kalkliebend; zerstreut, im nördlichen Tiefland selten bis fehlend.
Wissenswertes: Der deutsche Name der Gattung „Hellerkraut“ bezieht sich auf die Form der Früchte, die kleinen Münzen ähneln. Das häufigere und weit verbreitete **Acker-Hellerkraut** (*T. arvense,* Apr.–Sept.) ist mit seinem kantigen Stengel und den buchtig-gezähnten und mit pfeilförmigem Grund sitzenden Stengelblättern sowie den ringsum breit geflügelten Schötchen unverwechselbar.

Bauernsenf

Teesdalia nudicaulis

Kennzeichen: Blätter rosettig, leierförmig-fiederspaltig; Blütenblätter ungleich groß. Apr.–Mai; 8–20 cm, ⊙.
Vorkommen: Lückige Trockenrasen, Dünen, Wegränder, Äcker; magere, sandige, kalkarme Böden; im Tiefland zerstreut bis selten, in den Alpen fehlend.
Wissenswertes: Wegen der Ähnlichkeit mit der folgenden Art wird es vielfach auch Kleines Täschelkraut genannt. Sein wissenschaftlicher Name leitet sich von dem britischen Gärtner Robert Teesdale († 1804) ab. Alle Blüten eines Blütenstandes liegen in einer Ebene. Zusammen mit der Vergrößerung der randlichen Blütenblätter entsteht von Ferne der Eindruck einer Einzelblüte, ein nicht seltenes Phänomen im Pflanzenreich.

Gemeines Hirtentäschelkraut

Capsella bursa-pastoris

Kennzeichen: Grundständige Blätter ungeteilt bis fiederspaltig, Stengelblätter mit breiten Öhrchen stengelumfassend; Schötchen dreieckigherzförmig; Feb.–Nov.; 20–50 cm, ⊙–⊙.

Vorkommen: Gärten, Äcker, Ödland, Wegränder, Weiden; auf stickstoffreichen Böden; sehr häufig.

Wissenswertes: Ursprünglich im Mittelmeergebiet beheimatet, ist das Hirtentäschelkraut heute als alter Kulturbegleiter über die ganze Erde verbreitet. Seinen Namen verdankt es der Form seiner Früchte, die an die früher von Hirten benutzten ledernen Schultertaschen erinnern. Alte Heilpflanze, der vor allem, als Tee getrunken, eine blutstillende, harntreibende und abführende Wirkung nachgesagt wird.

Bau einer Blütenpflanze

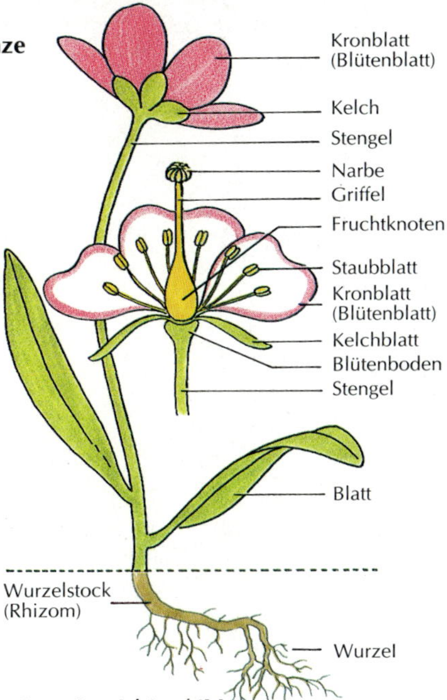

Wichtige Fachausdrücke im Bild

Einzelblüten radiär

getrenntblättrig,
Kronblätter frei

Kronblätter verwachsen
und ausgebreitet

Kronblätter verwachsen,
glockig

Zweiseitig-symmetrische Blüten

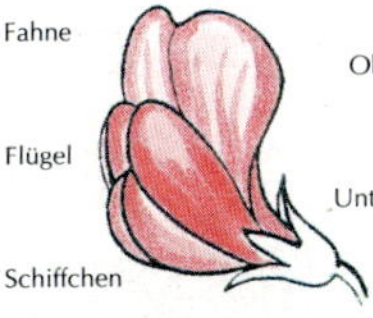

Schmetterlingsblüte

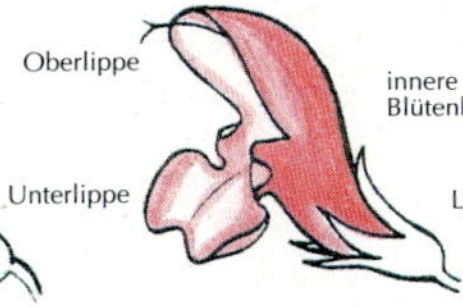

Lippenblüte

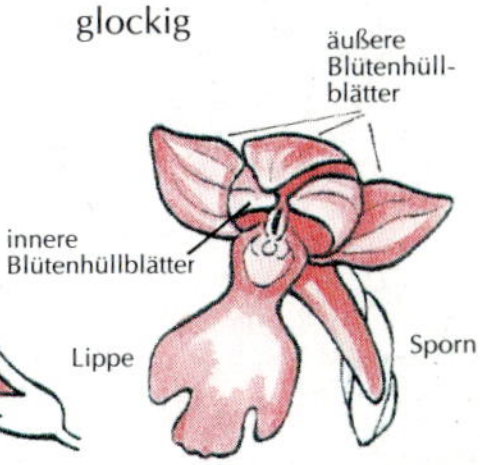

Orchideenblüte

Frühlings-Hungerblümchen

Erophila verna

Kennzeichen: Blätter lanzettlich, alle in kleiner, flacher Rosette; Blütenblätter etwa zu einem Drittel eingeschnitten; Feb.–Mai; 5–10 cm, ⊙.
Vorkommen: Lückige Magerrasen, Äcker, Wegränder, Mauern; besonders auf mageren Böden sonniger Standorte; häufig.
Wissenswertes: Das Frühlings-Hungerblümchen erscheint nur für kurze Zeit. Die Samen reifen sehr schnell und beginnen erst im Herbst nach einer langen Somerruhe zu keimen. Dem bevorzugten Vorkommen auf trockenen, mageren Böden und ertragsarmen Äckern verdankt es seinen Namen. Sein zahlreiches Auftreten im Frühjahr galt nach einem alten Aberglauben als Vorzeichen für karge Ernte und Teuerung.

Pfeilkresse

Cardaria draba

Kennzeichen: Blätter buchtig gezähnt, die unteren gestielt, die oberen mit pfeilförmigem Grund sitzend; Blüten süß riechend; Apr.–Juli; 20–50 cm, ♃.

Vorkommen: Unkrautfluren, Wegränder, Ödland, Äcker, Weinberge; gern auf trockenen, steinigen Böden sonniger Standorte; häufig.

Wissenswertes: Die Pfeilkresse wanderte wahrscheinlich aus Osteuropa und dem Mittelmeergebiet zu uns ein. 1728 wird von ihr aus Ulm zum ersten Mal berichtet. Aber erst nach dem Bau der Eisenbahnen konnte sie sich, zuerst entlang der Gleise, über ganz Mitteleuropa verbreiten. Die Samen enthalten scharf schmeckende Senföle. Sie wurden früher als Würze anstelle von Pfeffer verwendet.

Knoblauchsrauke

Alliaria petiolata

Kennzeichen: Blätter herz- bis nierenförmig, buchtig gekerbt, die unteren lang gestielt; Blütenstand eine Trugdolde; Apr.–Juni; 20–100 cm, ⊙.

Vorkommen: Lichte Wälder, Waldränder, Gebüsche, Wegränder; auf feuchten, lockeren, nährstoffreichen Böden; häufig, im Nordwesten und in Berglagen seltener.

Wissenswertes: Beim Zerreiben der Blätter entsteht der charakteristische Knoblauchgeruch. Wegen ihres Gehalts an ätherischen Ölen wurde die Pflanze früher medizinisch verwendet: so z. B. der Teeaufguß als Mittel gegen Würmer oder das frisch zerquetschte Kraut zur Heilung von Geschwüren. Die zerschnittenen Blätter wurden manchmal als Salatwürze verwendet.

Waldmeister

Galium odoratum

Kennzeichen: Stengel aufrecht, vierkantig; Blätter zu 6–8, quirlständig; Blüten trichterförmig, in vielblütigen Trugdolden. Mai–Juni; 10–30 cm, ♃.

Vorkommen: Krautreiche Laub- und Mischwälder; nährstoffreiche, humose Lehmböden; zerstreut.

Wissenswertes: Der Waldmeister ist eine alte Heilpflanze. Er enthält ein Glykosid, das beim Welken der Pflanze Cumarin freigibt. Dadurch entsteht der typische Waldmeistergeruch. Die noch nicht aufgeblühten Pflanzen werden gesammelt und zur Herstellung der „Maibowle" verwendet. Dabei ist jedoch Vorsicht geboten, da Cumarin in höherer Dosierung ein Gift ist, das Kopfschmerzen und Benommenheit hervorruft.

Zweiblättrige Schattenblume

Maianthemum bifolium

Kennzeichen: Blätter meist zwei, wechselständig, gestielt, herzförmig, parallelnervig; Beeren rot. Apr.–Juni; 5–15 cm, ♃, ☠.

Vorkommen: Laub- und Nadelwälder; nährstoff- und kalkarme Böden schattiger Standorte; zerstreut.

Wissenswertes: Die Zweiblättrige Schattenblume gilt als Anzeiger für eine leichte und oft nur oberflächliche Versauerung des Waldbodens. Mit ihrer 4zähligen Blüte stellt sie eine Ausnahme innerhalb der Familie der Liliengewächse dar, die normalerweise 6zählige Blüten besitzen. Früher glaubte man, daß diese Pflanze wie das Maiglöckchen herzwirksame Glykoside enthalte. Neuere Untersuchungen konnten diese Vermutung jedoch nicht bestätigen.

Gemeine Felsenbirne

Amelanchier ovalis

Kennzeichen: Dornenloser Strauch; Trauben wenigblütig; Blütenblätter schmaloval, auf der Unterseite zottig behaart; Früchte erbsengroß, blauschwarz. Apr.–Mai; 1–3 m, ♄.

Vorkommen: Gebüsche, Felsabhänge, trockene Wälder; kalkreiche Fels- und Steinböden warmer Lagen; selten, gebietsweise häufig, nördlich bis Mitteldeutschland.

Wissenswertes: Die Frucht der Felsenbirne ist dem Apfel sehr ähnlich. Im Querschnitt sind jedoch (anstelle von fünf) zehn Fruchtfächer erkennbar. Die Blütenblätter der **Kanadischen Felsenbirne** (*A. lamarckii,* Apr.–Mai) sind unterseits kahl, ihre Früchte dunkelrot und die Blätter zur Blütezeit kupfrigrot. Gelegentlich verwildert (aus Gärten und Parks).

Holzapfel und Kultur-Apfel

Malus sylvestris, M. domestica

Kennzeichen: Blüten in wenigblütigen Dolden an kurzen, beblätterten Seitenästen; Blütenblätter auf der Unterseite rötlich; Staubblätter gelb. Apr.–Mai; bis 10 m, ♄.

Vorkommen: Laub- und Auwälder, Gebüsche; nährstoffreiche Lehm- und Steinböden; zerstreut.

Wissenswertes: Im Unterschied zum Holzapfel sind die Zweige des Kultur-Apfels dornenlos und die Blätter behaart. Vermutlich ist er zuerst aus der Kreuzung des Holzapfels mit dem Paradiesapfel hervorgegangen. In Mitteleuropa wurde der Apfel schon in der Jungsteinzeit kultiviert. Der **Wilde Birnbaum** (*Pyrus pyraster,* Apr.–Mai), die Stammform der **Kulturbirne**, besitzt reinweiße Blüten und rote Staubgefäße.

Gewöhnliche Traubenkirsche

Prunus padus

Kennzeichen: Blätter scharf gesägt; Trauben reichblütig, abstehend bis hängend; Blüten mit einem Fruchtknoten und einem Griffel. Apr. – Mai; 3 – 15 m, ♄, (☠).
Vorkommen: Auwälder und -gebüsche, Waldränder; feuchte, nährstoffreiche Lehm- und Tonböden; häufig; Zierpflanze.
Wissenswertes: Samen, Rinde und Blätter der Traubenkirsche enthalten organische Blausäureverbindungen und sind giftig. Nach Genuß der Samen der Steinfrüchte können sich Übelkeit, Trockenheit in Mund und Hals, Erbrechen, Atemnot oder sogar Krämpfe einstellen. Das schwärzliche Fruchtfleisch selber ist eßbar, schmeckt aber bittersüß. In prähistorischer Zeit wurden die Früchte als Wildobst gesammelt.

Schwarzdorn, Schlehe

Prunus spinosa

Kennzeichen: Sparriger, stark dorniger Strauch; Blüten vor den Blättern erscheinend; Beeren blauschwarz. März–Mai; 1–3 m, ♄.
Vorkommen: Hecken, Weg- und Waldränder, lichte Wälder; wärmeliebend; häufig.
Wissenswertes: Im landwirtschaftlichen Aberglauben spielten die Blüten und Früchte eine wichtige Rolle. So verhießen eine reiche Schlehenblüte und viele Früchte eine gute Weinlese. Die getrockneten Blüten sind Bestandteil von Blutreinigungstees. Außerdem gelten sie in der Volksheilkunde als mild abführend, harn- und schweißtreibend. Die gerbstoff- und säurereichen Früchte bekommen erst nach dem ersten Frost Süße. Aus ihnen bereitet man Saft, Marmelade, Wein und Likör.

Eingriffliger Weißdorn

Crataegus monogyna

Kennzeichen: Zweige dornig; Blätter tief eingeschnitten, drei- bis fünflappig; Blüten mit einem Griffel; Frucht mit einem Kern. Mai – Juni; bis 10 m, ♄.

Vorkommen: Laubmischwälder, Waldränder, Gebüsche; wärmeliebend; zerstreut bis häufig; Zierpflanze.

Wissenswertes: Der Weißdorn eignet sich gut für Schnitthecken und Vogelschutzgehölze. Die roten, mehligen Früchte sind eßbar, aber wenig wohlschmekkend. Da sie gut gelieren, kann man sie allein oder zusammen mit anderen Früchten zu Marmelade oder Gelee verarbeiten. Blätter und Blüten werden als Tee aufgebrüht und wirken herz- und kreislaufstärkend. Das harte Holz eignet sich gut für Drechslerarbeiten.

Wolliger Schneeball

Viburnum lantana

Kennzeichen: Blätter gegenständig, ungeteilt, runzelig, unterseits graufilzig; Blüten in gewölbten Trugdolden; Beeren zuerst rot, dann schwarz. Apr.–Mai; 1–3 m, ♄, ☠.

Vorkommen: Laubwälder, Gebüsche, Säume; kalkhaltige Böden; wärmeliebend; zerstreut, nördlich bis Mitteldeutschland; Zierstrauch.

Wissenswertes: Die natürliche Nordgrenze des Strauches verläuft quer durch Mittel-Deutschland. Nördlich davon kommt er gelegentlich verwildert vor. Allgemein gelten die glänzend schwarzen Früchte als giftverdächtig. Nach alten Angaben sollen sogar Todesfälle vorgekommen sein. Auf alle Fälle kann ihr übermäßiger Genuß zu Erbrechen und Durchfall führen.

Echte Sternmiere

Stellaria holostea

Kennzeichen: Stengel unten vierkantig; Blätter gegenständig, sitzend, lanzettlich; Blütenblätter bis zur Mitte gespalten, doppelt so lang wie der Kelch. Apr.–Mai; 15–30 cm, ♃.

Vorkommen: Lichte Laubmischwälder, Gebüsche, Säume; kalkarme Lehmböden; häufig, gebietsweise (im Alpenraum) sehr selten.

Wissenswertes: Die langen Blütenstiele der Echten Sternmiere sind nach dem Abblühen zuerst herabgekrümmt, richten sich dann aber wieder auf. Nach altem Volksglauben darf diese Pflanze nicht gepflückt werden, da sie Blitz und Gewitter anzieht. Trotzdem fand sie in der Volksmedizin Verwendung: Der ausgepreßte Saft wurde bei Augenentzündungen angewendet.

Vogelmiere, Hühnerdarm

Stellaria media

Kennzeichen: Stengel rund, einreihig behaart; Blätter eiförmig, nur die unteren gestielt; Blütenblätter etwa so lang wie die Kelchblätter, bisweilen fehlend. Feb.–Nov.; 10–40 cm, ⊙.

Vorkommen: Äcker, Gärten, Wegränder, Ödland; Stickstoffzeiger; Kulturbegleiter; sehr häufig.

Wissenswertes: Das blühende Kraut fand früher Verwendung bei leichten Erkrankungen der Atemwege, bei Rheuma und als Auflage für Wunden und Hautausschläge. Die Vogelmiere ist auch ein gutes Vogelfutter. Die Bezeichnung Hühnerdarm bezieht sich auf die oft weit kriechenden, darmartig verschlungenen Stengel. Auch läßt sich der innere Gefäßbündelstrang wie ein Darm aus dem Stengel ziehen.

Acker-Hornkraut

Cerastium arvense

Kennzeichen: Pflanze kurzhaarig, drüsig; Blütenblätter etwa doppelt so lang wie der Kelch. Apr.–Juni; 10–30 cm, ♃.

Vorkommen: Magerrasen, Wegränder, Böschungen, Ödländer; trockene Böden; häufig.

Wissenswertes: Beide Namen, deutscher und wissenschaftlicher, leiten sich von den hornartig gekrümmten Fruchtkapseln ab. Das Acker-Hornkraut ist sehr vielgestaltig und wird in seinem gesamten Verbreitungsgebiet von Nordamerika über Europa, Nordafrika bis Asien in zahlreiche Unterarten gegliedert. Das auf Wiesen und Weiden sehr häufige **Gemeine Hornkraut** (*C. fontanum*, März–Okt.) zeichnet sich durch gleichlange Blüten- und Kelchblätter aus.

Dolden-Spurre

Holosteum umbellatum

Kennzeichen: Blätter bläulichgrün; Blütenstiele nach dem Verblühen bis zum Beginn der Fruchtreife herabgeschlagen; Blütenblätter an der Spitze fein gezähnt. März–Mai; 5–25 cm, ⊙.
Vorkommen: Lückige Magerrasen, Äcker, Dünen, Wegränder; trockene, kalkarme Sand- und Kiesböden; zerstreut, im Nordwesten und den Gebirgslagen fehlend.

Wissenswertes: Typisch für viele Vertreter der Familie der Nelkengewächse ist der wiederholt regelmäßig gabelig verzweigte Blütenstand. Bei der Dolden-Spurre sind die Verzweigungen so weit gestaucht, daß der Eindruck einer Dolde entsteht. Diese Pflanze wird vielfach übersehen, da sie bereits im Sommer wieder völlig verschwunden ist.

Weiße Lichtnelke

Silene alba

Kennzeichen: Kelchblätter verwachsen, drüsig behaart, Kelchröhre schwach aufgeblasen; Blütenblätter tief zweispaltig. Mai–Okt.; 20–100 cm, ⊙–⊙.
Vorkommen: Äcker- und Wegränder, Gebüschsäume, Ödland; nährstoffreiche Böden, wärmeliebend; Kulturbegleiter; häufig.
Wissenswertes: Die Blüten der Weißen Lichtnelke sind eingeschlechtlich, männliche und weibliche sogar auf verschiedene Pflanzen verteilt. Erst abends entfalten sich die tagsüber wie verwelkt aussehenden Blüten. Ihr intensiver Duft und die UV-Reflektion der weißen Krone locken die Bestäuber (Nachtfalter, besonders Schwärmer) an. Vielfach wird die Pflanze deshalb auch Weiße Nachtnelke genannt.

Wiesen-Kerbel

Anthriscus sylvestris

Kennzeichen: Blätter zwei- bis dreifach gefiedert; Dolde zusammengesetzt, mit 8–16 Strahlen; 0–2 Hüllblätter, 5–8 bewimperte Hüllchenblätter. Apr.–Aug.; 60–150 cm, ♃.
Vorkommen: Fettwiesen, Hecken-, Wald- und Wegränder, Gebüsche; stickstoffreiche Lehmböden; sehr häufig.
Wissenswertes: In gutgedüngten Wiesen kann der Wiesen-Kerbel massenhaft auftreten. Durch seine rasche Entwicklung im Frühjahr und die schirmförmig ausgebreiteten Blätter läßt er viele andere Wiesenpflanzen nicht aufkommen. Ein naher Verwandter ist der aromatische **Garten-Kerbel** (*A. cerefolium,* Mai–Juni), dessen Kraut vielseitig in Salaten und Suppen als Würze verwendet wird.

Wald-Sauerklee

Oxalis acetosella

Kennzeichen: Blätter dreiteilig, kleeartig; Blüten einzeln, lang gestielt. Apr.–Mai; 8–15 cm, ♃, (☠).

Vorkommen: Krautreiche Wälder, Gebüsche, Moore; humose, schwach saure Böden schattiger Standorte; sehr häufig.

Wissenswertes: Die kleeartigen Blätter und der Gehalt an Oxalsäure und Kleesalz verhalfen dem Sauerklee zu seinem Namen. Er ist eine Schattenpflanze: Seine zarten Blätter können noch bei 1/70 des vollen Tageslichts wachsen. Dagegen reagieren sie sehr empfindsam auf Sonnenstrahlen. Als Schutz vor Austrocknung senken sich bei starker Besonnung die Teilblättchen ab und falten sich entlang der Mittellinie. Dies ist auch ihre nächtliche „Schlafstellung".

Busch-Windröschen

Anemone nemorosa

Kennzeichen: Stengelblätter gestielt; zu 3 quirlständig, handförmig fünfteilig; Blüten zuweilen rötlich überlaufen; März–Mai; 10–25 cm, ♃, ☠.
Vorkommen: Krautreiche Wälder, Gebüsche, Bergwiesen; nährstoffreiche, humose Lehmböden; sehr häufig.
Wissenswertes: Im zeitigen Frühjahr bildet das Busch-Windröschen einen mit Blütensternen besetzten weißgrünen „Teppich" in Gebüschen und Wäldern. Nachts und bei Regenwetter hängen die Blüten geschlossen nach unten. Wenn der Wald sich belaubt und an seinem Boden Lichtmangel eintritt, verschwinden alle oberirdischen Teile der Pflanze. Mit den dann im Wurzelstock gespeicherten Nährstoffen kann sie im kommenden Frühjahr sofort wieder austreiben.

Kleines Schneeglöckchen

Galanthus nivalis

Kennzeichen: Zwei grundständige, blaugrüne Blätter; sechs ungleich große Blütenhüllblätter, nur die drei inneren mit grünem Fleck an der Spitze. Feb. – März; 8–20 cm, ♃, ▽.
Vorkommen: Feuchte Laubmischwälder und Gebüsche; im Süden und Osten zerstreut, sonst selten; Zierpflanze, z. T. verwildert.
Wissenswertes: Die grünen Flecken an den Blütenblättern duften stärker als die übrigen Blütenteile und weisen den bestäubenden Insekten den Weg zu den Nektarrinnen. Wie bei vielen Arten, deren Samen von Ameisen verbreitet werden, erschlafft der Stengel nach dem Abblühen und macht ihnen die Samen vom Boden her zugänglich. Gefressen wird nur das ölhaltige Anhängsel.

Märzenbecher

Leucojum vernum

Kennzeichen: Stengel ein- bis zweiblütig, mit drei bis vier rein grünen Blättern; Blütenhüllblätter gleich lang, alle an der Spitze mit gelbgrünem Fleck. Feb.–Apr.; 10–30 cm, ♃, ☠, ▽.

Vorkommen: Feuchte Laubmischwälder und Gebüsche, Feuchtwiesen; selten, im Norden fehlend; Zierpflanze, z. T. verwildert.

Wissenswertes: Die hängende Stellung der Blüte schützt – wie beim Schneeglöckchen – ihre inneren Teile vor Nässe. Der Nektar ist nicht frei zugänglich. Am Grunde des Griffels befindet sich ein saftreiches Gewebe, das von den Insektenbesuchern angebohrt werden muß. Beim leisesten Anstoß entlassen dann die Staubbeutel ihren Pollen auf Kopf und Rücken der Bestäuber.

Bärlauch

Allium ursinum

Kennzeichen: Blätter grundständig, deutlich gestielt, beim Zerreiben stark nach Knoblauch riechend. Apr.–Juni; 15–50 cm, ♃.
Vorkommen: Krautreiche Wälder und Gebüsche; besonders auf feuchten, nährstoffreichen Lehm- und Tonböden; zerstreut, im nördlichen Tiefland selten.
Wissenswertes: Nicht selten wächst der Bärlauch in dichten und ausgedehnten Beständen und verbreitet einen durchdringenden Knoblauchgeruch. Er wird in der Volksheilkunde ähnlich dem Knoblauch verwendet: bei Arterienverkalkung, Bronchitis, erhöhtem Blutdruck und Verdauungsstörungen. In der Küche finden junge Blätter als Würze zu Salaten, Suppen und Quarkspeisen Verwendung.

Maiglöckchen

Convallaria majalis

Kennzeichen: Grundblätter meist zwei, breit-lanzettlich; Traube einseitswendig; Blüten stark duftend; Beeren scharlachrot. Mai–Juni; 10–25 cm, ♃, ☠, ▽.
Vorkommen: Laubmischwälder, Gebüsche; oft auf lockeren Lehm- oder Sandböden sommerwarmer Standorte; zerstreut; Zierpflanze.
Wissenswertes: Das Maiglöckchen ist eine alte Arzneipflanze, die in allen Teilen herzwirksame Glykoside enthält. Bis Mitte des 16. Jahrhunderts wurden deren Extrakte hoch geschätzt und als „Guldenwater" nur in besonders kostbaren Gefäßen aufbewahrt. Erst vor 100 Jahren gelang es tatsächlich, herzwirksame Stoffe aus der Pflanze zu isolieren, die heute bei Herz- und Kreislaufschwäche verordnet werden.

Gänseblümchen

Bellis perennis

Kennzeichen: Blätter rosettig, spatelförmig bis verkehrt eiförmig; Zungenblüten weiß, zuweilen rötlich überlaufen. Feb.–Nov.; 3–15 cm, ♃.

Vorkommen: Fettwiesen, Weiden, Wegränder, Parkrasen; nährstoffreiche Lehmböden; sehr häufig.

Wissenswertes: Das Gänseblümchen wurde früher als Heilpflanze sehr geschätzt und bei den verschiedensten Krankheiten verwendet. In Notzeiten wurden die jungen Blätter als Salat oder Gemüse, die jungen Knospen der Köpfchen in Essig eingelegt wie Kapern gegessen. Seit dem Mittelalter ist das Gänseblümchen auch eine beliebte Zierpflanze. Heute sind zahlreiche Sorten in Kultur, die meist mehr oder weniger stark gefüllt sind.

Weiße Taubnessel

Lamium album

Kennzeichen: Pflanze brennnesselartig, jedoch ohne Brennhaare; Blätter kreuzgegenständig; Blüten zu 5–12 in den Blattachseln. Apr.–Okt.; 20–60 cm, ♃.
Vorkommen: Wegränder, Mauern, Gräben, Viehläger, Säume; Lehmböden; Stickstoffzeiger; sehr häufig.
Wissenswertes: Die großen, weißen Lippenblüten werden hauptsächlich von Hummeln bestäubt. Die Unterlippe dient als Landeplatz. Dabei haben nur langrüsselige Arten Zugang zu dem Nektar am Grunde der Blütenröhre. Bestimmte Hummeln, wie z. B. die kurzrüsselige Erdhummel, stechen die Blütenröhre von der Seite an oder beißen sogar die Blütenknospen auf. Sie holen sich den Nektar ohne die „Gegenleistung" der Bestäubung.

Großes Schöllkraut

Chelidonium majus

Kennzeichen: Pflanze mit orangegelbem Milchsaft; Blätter fiederspaltig, buchtig gekerbt, unterseits blaugrün. Apr.–Okt.; 30–100 cm, ♃, ☠.

Vorkommen: Säume, Wegränder, Mauern, Ödland; Stickstoffzeiger; Kulturbegleiter; sehr häufig.

Wissenswertes: Seit dem Altertum werden dem Schöllkraut große Heilkräfte bei Leber- und Gallenleiden zugeschrieben. Den frisch austretenden Saft gebrauchte man zum Bestreichen der Warzen (deutsch auch Warzenkraut). In der gelben Wurzel vermuteten die Alchimisten den Stein der Weisen, d. h. die Fähigkeit zum Goldmachen. Die schwarzen Samen werden von Ameisen verbreitet, die deren fleischiges Anhängsel fressen.

Gewimpertes Kreuzlabkraut

Cruciata laevipes

Kennzeichen: Stengel vierkantig, steifhaarig; Blätter dreinervig, in vierzähligen Quirlen; Blüten kurz gestielt, blattachselständig. Apr.–Juni; 15–50 cm, ♃.
Vorkommen: Auwälder, Waldränder, Hecken, Zäune; nährstoffreiche, oft kalkarme, tonhaltige Böden; häufig, im nördlichen Tiefland selten.
Wissenswertes: Die flachen Blüten des Kreuz-Labkrautes sondern freiliegenden Nektar ab, der auch kurzrüsseligen Insekten, wie z. B. Fliegen und Käfern, leicht zugänglich ist. Labkräuter enthalten im Blattgewebe Labferment (Name!), das die Milch gerinnen läßt. Vor allem das ebenfalls gelb blühende **Echte Labkraut** (*Galium verum,* Juni–Sept.) wurde daher früher zur Herstellung von Käse verwendet.

Kornelkirsche, Hartriegel

Cornus mas

Kennzeichen: Blätter gegenständig, bogennervig, nach den Blüten erscheinend; kugelige Trugdolden an kurzen Seitenästen, am Grund mit vier Hüllblättern; Frucht rot. Feb.–Apr.; 2–10 m, ♄.
Vorkommen: Lichte Laubwälder, Gebüsche; trockene, kalkhaltige Böden sonniger Standorte; wild nur im Süden und Westen; Zierpflanze, oft verwildert.

Wissenswertes: Das Holz ist sehr zäh, fest und hart (Name!) sowie schwer spaltbar und daher für Drechslerarbeiten hervorragend geeignet. Im Altertum wurden besonders Wurfspieße aus ihm gefertigt. Die angenehm säuerlich schmeckenden, saftreichen Früchte können zu Saft, Wein, Likör, Kompott oder Marmelade verarbeitet werden.

Wechselblättriges Milzkraut

Chrysosplenium alternifolium

Kennzeichen: Stengel dreikantig; Blätter wechselständig, rundlich-nierenförmig, grob gekerbt; vier winzige, gelbgrüne Kelchblätter; Blütenblätter fehlend; März–Juni; 5–20 cm, ♃.
Vorkommen: Au- und Schluchtwälder, Ufergebüsche; feuchte bis nasse Böden schattiger Standorte; zerstreut bis häufig.
Wissenswertes: Aufgrund der Signaturenlehre in der Medizin früherer Jahrhunderte war das Milzkraut (Blattform!) bei Milzbeschwerden im Gebrauch. Jedoch wurden bis heute in der Pflanze keine Wirkstoffe gefunden. Das seltenere **Gegenblättrige Milzkraut** (*C. oppositifolium,* Apr.–Juni) ist am vierkantigen Stengel und den gegenständigen Blättern gut zu unterscheiden.

Gelbes Windröschen

Anemone ranunculoides

Kennzeichen: Stengelblätter sitzend, quirlständig, fingerförmig geteilt; Blütenhüllblätter alle gleichartig. März–Mai; 15–30 cm, ♃, ☠.
Vorkommen: Feuchte Laubmisch- und Auwälder; nährstoffreiche, humose Lehm- und Tonböden; zerstreut.
Wissenswertes: Die Früchtchen der Gelben Anemone besitzen ein nährstoffreiches Anhängsel, ein Futterangebot für Ameisen. Diese verschleppen die Früchtchen und tragen dadurch zur Verbreitung der Pflanze bei. Die Blüten gleichen auf den ersten Blick denen der Hahnenfuß-Arten. Doch besteht die Anemonenblüte aus fünf gleichartigen Blütenhüllblättern, während die der Hahnenfuß-Arten aus fünf Blüten- und fünf Kelchblättern zusammengesetzt ist.

Sumpf-Dotterblume

Caltha palustris

Kennzeichen: Stengel dick, hohl; Blätter herz- bis nierenförmig, gekerbt; Blütenhüllblätter alle gleich gestaltet, fettig glänzend. März–Juni; 15–50 cm, ♃, (☠).
Vorkommen: Sumpfwiesen, Quellen, Bäche, Gräben, Auwälder; nasse, nährstoffreiche Böden; sehr häufig.
Wissenswertes: Früchte und Samen sind an nasse Standorte angepaßt. Am Ende des Fruchtstiels stehen mehrere Früchte sternförmig beisammen, die bei Reife an der nach oben gerichteten Naht aufspringen. Auftreffende Regentropfen schwemmen und schleudern die leichten Samen mit Wucht heraus. Die Samen selber sind schwimmfähig und werden so verbreitet. Die frische Pflanze ist leicht giftig und wird vom Weidevieh gemieden.

Knolliger Hahnenfuß

Ranunculus bulbosus

Kennzeichen: Stengel unten knollig verdickt; Blätter einfach bis doppelt dreizählig; Blütenstiele gefurcht; Kelchblätter zurückgeschlagen. Mai–Juli; 15–35 cm, ♃, ☠.
Vorkommen: Kalk-Magerrasen, magere Wiesen und Weiden; trockene Lehmböden; wärmeliebend; häufig.
Wissenswertes: Der deutsche Name „Hahnenfuß" bezieht sich auf die vogelfußartig geteilten Blätter. Der innere Teil der Blütenblätter ist matt, der äußere glänzt lackartig. Der Glanz wird durch Öltröpfchen in der äußeren Zellschicht und eine darunter liegende weiße, stärkehaltige und reflektierende Schicht erreicht. An der Basis der Blütenblätter ist ein kleines Schüppchen erkennbar. Dort wird Nektar abgesondert.

Goldschopf-Hahnenfuß

Ranunculus auricomus

Kennzeichen: Grundblätter nierenförmig, gekerbt; Stengelblätter in lineale Zipfel geteilt; Blütenstiele rund, behaart; Kelchblätter aufrecht. März–Mai; 15–50 cm, ♃, (☠).

Vorkommen: Krautreiche Laubmischwälder, Bergwiesen; nährstoffreiche, kalkhaltige, etwas feuchte Lehmböden; zerstreut.

Wissenswertes: Der Goldschopf-Hahnenfuß ist morphologisch vielgestaltig. Aufgrund der sehr variablen Grundblätter werden zahlreiche Rassen unterschieden, die z. T. nur in kleinen Gebieten vorkommen. Dieses Phänomen beruht auf dem Verlust seiner sexuellen Fortpflanzung. Als „Ranunkeln" sind gefüllte Formen des **Asiatischen Hahnenfußes** *(R. asiaticus)* bei uns in Kultur.

Frühlings-Fingerkraut

Potentilla neumanniana (syn. *P. verna*)

Kennzeichen: Kleine Polster; Stengel z. T. kriechend, oft rötlich überlaufen; Blätter 5–7zählig gefingert; Blütenblätter ausgerandet. März–Juni; 5–20 cm, ♃.

Vorkommen: Magerrasen, Felshänge, lichte Kiefernwälder; trockene Böden sonniger Standorte; verbreitet, im nördlichen Tiefland selten.

Wissenswertes: Den zumeist handförmig geteilten Blättern verdanken die Fingerkräuter ihren deutschen Namen. Nach altem Volksglauben gelten sie als hexen- und unheilwidrig. Die kleinen, flachen Kissen des formenreichen Frühlings-Fingerkrauts entstehen ursprünglich aus einer einzigen Pflanze. Niederliegende Stengel bilden Blattrosetten, die sich bewurzeln und überwintern und so die Polster vergrößern.

Trauben-Holunder

Sambucus racemosa

Kennzeichen: Blätter gegenständig, unpaarig gefiedert, Fiederblättchen meist fünf, lanzettlich; Blüten stark duftend; Steinfrucht rot. März–Mai; 1,5–4 m, ♄.

Vorkommen: Bergwälder, Gebüsche, Lichtungen; stickstoffreiche, kalkarme, oft steinige Lehmböden; häufig im Bergland, im Norden selten; Zierstrauch.

Wissenswertes: Der Trauben-Holunder ist ein beliebtes Zier- und Vogelschutzgehölz und verwildert nicht selten. Die Vorkommen im nördlichen Tiefland sind wohl nicht ursprünglich. Die Beeren dienten früher als Brech- und Abführmittel, wahrscheinlich wegen eines scharfen Giftstoffes in den Samen. Nach Entfernen der Steine kann man sie jedoch zu Marmelade verarbeiten.

Echte Schlüsselblume

Primula veris

Kennzeichen: Blätter rosettig, runzelig; Kelchröhre bauchig; Blüte duftend, Blütenkrone glockig, dottergelb, rot gefleckt. März–Juni; 10–30 cm, ♃, ▽.
Vorkommen: Magerrasen und -wiesen, lichte Laubwälder; trockene, kalkhaltige Böden; wärmeliebend; häufig, im Nordwesten selten.
Wissenswertes: Der Name rührt von der Ähnlichkeit des Blütenstandes mit einem Schlüsselbund her. Nach einer Legende entstand die Pflanze aus dem vom Himmel gefallenen Schlüsselbund des heiligen Petrus, deshalb auch Himmelsschlüssel genannt. Seit jeher werden Blüten und Wurzeln dank ihrer harntreibenden und schleimlösenden Wirkung bei Atemwegserkrankungen und Rheumatismus genutzt.

Wald-Schlüsselblume

Primula elatior

Kennzeichen: Blätter rosettig, runzelig; Kelchröhre schlank; Blüten geruchlos, Blütenkrone flach ausgebreitet, hellgelb. März–Mai; 10–30 cm, ♃, ▽.

Vorkommen: Krautreiche Laubmischwälder, Gebüsche, Bergwiesen; feuchte, nährstoffreiche, lehmige Böden; häufig, gebietsweise vor allem im nördlichen Tiefland selten bis fehlend.

Wissenswertes: Der wissenschaftliche Gattungsname *„Primula"* spielt auf die frühe Blütezeit der Pflanze an. Er leitet sich aus dem Lateinischen von „primus = der Erste" ab. Die Fruchtstiele richten sich nach der Blütezeit steif auf, erhärten und vertrocknen. So können die reifen Samen vom Wind aus den Kapseln geschüttelt werden.

Spitz-Ahorn

Acer platanoides

Kennzeichen: Blätter 5–7lappig, lang zugespitzt; Blüten in aufrechten Trugdolden, kurz vor dem Laub erscheinend; Fruchtflügel einen stumpfen Winkel einschließend. Apr.–Mai; bis 25 m, ♄.
Vorkommen: Krautreiche Laubwälder; mäßig feuchte, nährstoffreiche Lehm- und Steinschuttböden; häufig, gebietsweise zerstreut; Allee- und Parkbaum.

Wissenswertes: Der Spitz-Ahorn wird vielfach als Allee- und Parkbaum kultiviert und verwildert oft. So ist seine ursprüngliche Verbreitung in Mitteleuropa heute nur schwer zu rekonstruieren. Der Baum liefert ein gutes, hartes und fast weißes Nutzholz. Bast und Blätter ergeben beim Färben von Wolle gelbbraune oder graue Farbtöne.

Frühlings-Adonisröschen

Adonis vernalis

Kennzeichen: Blätter 2–4fach fiederschnittig, Zipfel schmal-lineal; Blüten einzeln, endständig, groß, 4–8 cm breit. Apr.–Mai; 10–30 cm, ♃, ☠, ▽.

Vorkommen: Trocken- und Steppenrasen, lichte Kiefernwälder; trockene, meist kalkreiche Böden sonniger Standorte; sehr selten, in vielen Gebieten fehlend.

Wissenswertes: Das Frühlings-Adonisröschen gehört in Mitteleuropa zu den stark gefährdeten Pflanzen. Es enthält giftige, herzwirksame Glykoside, die bei leichter Herzschwäche angewendet werden und außerdem beruhigend auf den Patienten wirken. Die meisten Weidetiere verschmähen diese Pflanze. Es sind aber Fälle von Vergiftungen bei Kühen bekannt geworden.

Scharbockskraut

Ranunculus ficaria

Kennzeichen: Blätter rundlich-herzförmig, gekerbt, stark glänzend. März–Mai; 50–20 cm, ♃, (☠).
Vorkommen: Krautreiche Laubmisch- und Auwälder, Gebüsche, Wiesen; feuchte, nährstoffreiche Lehm- und Tonböden; sehr häufig.
Wissenswertes: Die Blätter des Scharbockskrauts sind reich an Vitamin C. Früher wurden sie nach dem Winter gegen Skorbut, eine Vitamin-C-Mangelkrankheit, gegessen. Daran erinnert noch der Name „Scharbockskraut". Aber auch die in Essig eingelegten Blütenknospen waren als Kapernersatz beliebt. Doch Vorsicht, da es beim Genuß der Pflanze zu Vergiftungen kommen kann, da nach ihrem Aufblühen in den Blättern das Gift Protoanemonin eingelagert wird.

Gemeines Greiskraut

Senecio vulgaris

Kennzeichen: Blätter fiederteilig, meist spinnwebig behaart; Köpfchen mit Außenhülle; Hüllblätter an der Spitze schwarz; Zungenblüten meist fehlend. Feb.–Nov.; 10–50 cm, ⊙–⊙, ☠.
Vorkommen: Äcker, Weinberge, Gärten, Wegränder, Ödland. Stickstoffzeiger; Kulturbegleiter; sehr häufig.
Wissenswertes: Der Gattungsname *„Senecio"* leitet sich aus dem Lateinischen, von „senex = Greis" ab. Diese Bezeichnung beruht wohl auf den frühzeitig erscheinenden weißschopfigen Früchten. Als Schirmchenflieger können sie vom Wind sehr weit verbreitet werden. Das Gemeine Greiskraut stammt ursprünglich wohl aus dem Mittelmeerraum. Heute ist es fast auf der ganzen Erde verbreitet.

Huflattich

Tussilago farfara

Kennzeichen: Laubblätter grundständig, herzförmig-rundlich, schwärzlich gezähnt, unterseits weißfilzig, erst gegen Ende der Blütezeit erscheinend. Feb.–Apr.; 7–20 cm, ♃.
Vorkommen: Wegränder, Ödland, Kiesgruben, Äcker; offene, kalkhaltige Böden; sehr häufig,
Wissenswertes: Die Blütenköpfchen schließen sich abends und bei trüber Witterung und nehmen eine nikkende Stellung ein, genauso wie nach der Blütezeit. Zur Fruchtzeit richtet sich der dann stark verlängerte Stengel wieder auf. Die Pflanze ist ein uraltes Heilmittel bei Erkrankungen der Luftwege. Die hustenreizlindernde Wirkung liegt an dem hohen Gehalt an Schleimstoffen, vor allem der Blätter.

Löwenzahn, Kuhblume

Taraxacum officinale

Kennzeichen: Stengel weitröhrig, mit weißem Milchsaft; Blätter rosettig, schrotsägeförmig; Blütenkörbchen nur mit Zungenblüten. Apr.–Juli; 5–40 cm, ♃.

Vorkommen: Fettwiesen, Weiden, Äcker, Wegränder; nährstoffreiche Böden; sehr häufig.

Wissenswertes: Der Löwenzahn ist eine vor allem früher häufig verwendete Heilpflanze. Er wirkt blutreinigend, appetitanregend, harntreibend und abführend. Vor allem in den romanischen Ländern werden die jungen Blätter als Salat oder Gemüse gegessen. Kinder basteln aus den Köpfchen Kränze und Ketten, der Fruchtstand eignet sich für Pustespiele. Aber Vorsicht, der Milchsaft hinterläßt auf der Kleidung kaum zu beseitigende Flecken.

Acker-Goldstern

Gagea villosa

Kennzeichen: Zwei Grundblätter, lineal, 1–2 mm breit; Blütenstiele und Blütenhüllblätter außen behaart. März–Mai; 5–15 cm, ♃, ▽.
Vorkommen: Äcker, Weinberge; trockene, nährstoffreiche, sandige Böden sonniger Standorte; zerstreut, selten in der nördlichen Tiefebene, in Gebirgslagen fehlend.
Wissenswertes: Den goldgelben, sternförmigen Blüten verdankt dieser alte Kulturbegleiter seinen Namen. Die Zwiebeln werden durch Ackergeräte verschleppt und können immer wieder ausschlagen. Der **Wald-Goldstern** (*G. lutea,* März–Mai) wächst in feuchten Gebüschen und Laubmischwäldern und ist mit den kahlen Blütenstielen und nur einem, 6–10 mm breiten Grundblatt gut zu unterscheiden.

Besenginster

Cytisus scoparius

Kennzeichen: Äste rutenförmig, kantig gefurcht; Blätter dreizählig gefingert; Hülsen behaart. Mai–Juni; 0,5–2 m, ♄, (☠).
Vorkommen: Lichte Wälder, Gebüsche, Waldränder, Heiden; kalkarme Böden; häufig, gebietsweise fehlend.
Wissenswertes: Die Äste wurden früher zur Besenherstellung (Name!) verwendet. Mit einem solchen Besen das Haus zur Pfingstzeit zu kehren, sollte alles Übel fernhalten. Heute wird der Besenginster vor allem zur Befestigung von Böschungen und Dünen oder zur Verbesserung stickstoffarmer Böden angepflanzt. Letzteres geschieht mit Hilfe bestimmter Bakterien, die in den Wurzelknöllchen der Pflanze leben. Sie können freien Stickstoff aus der Luft binden.

Goldnessel

Lamiastrum galeobdolon

Kennzeichen: Pflanze brennnesselartig, jedoch ohne Brennhaare; Blätter kreuzgegenständig, Oberseite oft weiß gefleckt; Blüten meist zu 6 in den Blattachseln. Mai–Juli; 15–80 cm, ♃.
Vorkommen: Krautreiche Laubmischwälder, Auengebüsch; nährstoffreiche, humose Lehmböden; häufig.
Wissenswertes: Die Goldnessel ist bezüglich der Fleckung ihrer Blätter, der Ausläuferbildung und der Blütenfarbe sehr formenreich und wird daher in verschiedene Rassen unterteilt. An dieser Pflanze sind die für die Familie der Lippenblütler charakteristischen Merkmale deutlich erkennbar: der vierkantige Stengel, die kreuzgegenständige Blattstellung, die charakteristische Lippenblüte und die vierteilige Frucht.

Blasses Knabenkraut

Orchis pallens

Kennzeichen: Blätter eiförmig, bis 4 cm breit; äußere Blütenblätter abstehend, Lippe leicht dreilappig; Sporn kurz, stumpf, aufwärts gebogen. Apr.–Juni; 15–40 cm, ♃, ▽.

Vorkommen: Krautreiche Laubwälder, Magerrasen, Bergwiesen; lockere, humose, kalkhaltige Böden; selten, nördlich bis Mitteldeutschland.

Wissenswertes: Die Blüten duften nach Schwarzem Holunder. Das Wort „Orchis" leitet sich aus dem Griechischen ab, bedeutet Hoden und bezieht sich auf die meist zweiknollige, eiförmige Wurzel. Diese wurde früher häufig als Aphrodisiakum verwendet. An Johanni ausgegrabene Wurzelknollen wurden als Glücksamulette verwendet.

Wiesen-Schaumkraut

Cardamine pratensis

Kennzeichen: Stengel hohl; Blätter fiederschnittig bis gefiedert; Staubbeutel gelb. Apr.–Juni; 10–60 cm, ♃.
Vorkommen: Wiesen, Weiden, Wälder; frische bis nasse, lehmige und tonige Böden; sehr häufig.
Wissenswertes: Der Name Schaumkraut bezieht sich wohl auf die an den Pflanzenstengeln häufig auftretenden speichelartigen Schaumhäufchen. Darin verbirgt sich die Larve der Schaumzikade (siehe Kuckucks-Lichtnelke). Häufig wächst das Schaumkraut in dichten Beständen. Dann bedecken die hell-lila Blüten die Wiese wie mit einem zarten Schaum. Das seltenere **Bittere Schaumkraut** (*C. amara,* Apr.–Juni) besitzt einen markigen Stengel, reinweiße Blüten und violette Staubbeutel.

Gemeiner Seidelbast

Daphne mezereum

Kennzeichen: Blüten vor den endständigen Blattbüscheln erscheinend, stark duftend, meist zu 3 dem holzigen Stamm ansitzend; Beeren rot. Feb.–Mai; 40–150 cm, ♄, ☠, ▽.

Vorkommen: Krautreiche Laubmischwälder, Gebüsche; nährstoffreiche, kalkhaltige, oft feuchte Böden; zerstreut, im Norden gebietsweise fehlend; Zierpflanze.

Wissenswertes: Alle Organe der Pflanze sind stark giftig. Bereits der Genuß weniger Früchte kann beim Menschen zum Tode führen. Trotzdem wurde sie früher vielseitig medizinisch verwendet. Wegen ihrer Giftigkeit ist sie heute vielfach aus unseren Gärten verschwunden. Verbreitet wird sie durch Vögel, die die Früchte gerne fressen.

Schierlings-Reiherschnabel

Erodium cicutarium

Kennzeichen: Stengel rauhhaarig, oft rot überlaufen; Blätter unpaarig gefiedert bis tief fiederteilig; Frucht lang geschnäbelt. Apr.–Okt.; 10–50 cm, ⊙–⊙.
Vorkommen: Äcker, Weinberge, Ödland, Dünen; nährstoffreiche, trockene Löß- und Sandböden sonniger Standorte; zerstreut.
Wissenswertes: Charakteristisch für alle Reiherschnabel-Arten sind die im Reifezustand korkenzieherartig gewundenen Fruchtschnäbel. Mit ihnen vermögen sich die Samen bei sich ändernder Luftfeuchtigkeit ins Erdreich zu bohren. Der Schierlings-Reiherschnabel war ursprünglich wahrscheinlich im Mittelmeergebiet und in Asien zuhause. Von dort hat er sich fast über die ganze Erde ausgebreitet.

Bach-Nelkenwurz

Geum rivale

Kennzeichen: Blätter gefiedert bis fiederteilig, grob gekerbt, Endfieder sehr groß; Blüten nickend; Kelch rotbraun. Apr.–Juni; 10–100 cm, ♃, (☠).
Vorkommen: Feuchte bis nasse Wiesen, Gebüsche, Quellen, Ufer, Auwälder; gerne auf nährstoff- und kalkreichen Böden; häufig.
Wissenswertes: Ihren Namen verdankt die Pflanze dem nach Nelkenöl duftenden, frisch angeschnittenen Wurzelstock. Sie ist zudem reich an Gerbstoffen und wurde in der Volksmedizin als appetitanregendes oder schleimlösendes Mittel, aber auch gegen Brechreiz oder Durchfall eingesetzt. Die zottig behaarten Früchte bleiben im Fell vorbeistreichender Tiere hängen und werden so verbreitet.

Kuckucks-Lichtnelke

Lychnis flos-cuculis

Kennzeichen: Blätter gegenständig, lineal bis spatelig, etwas rauh; Kelchblätter verwachsen; Blütenblätter tief vierspaltig. Apr.–Juli; 30–80 cm, ♃.

Vorkommen: Fett-, Sumpf- und Moorwiesen, Weidengebüsche; nährstoffreiche Lehm- und Tonböden; häufig.

Wissenswertes: Die Kuckucks-Lichtnelke zeigt einen hohen Grundwasserstand an. Sie wächst auf den Wiesen immer an den feuchtesten Stellen. An ihren Stengeln findet man häufig kleine Schaumklümpchen, im Volksmund auch als Kuckucksspeichel bezeichnet. Darin lebt die Larve der Schaumzikade, die aus den Stengeln Saft saugt. Zur Schaumbildung taucht sie ihren Hinterleib in den flüssigen Kot und pumpt Luft hinein.

Rote Lichtnelke

Silene dioica

Kennzeichen: Blätter gegenständig, eiförmig; Kelchblätter verwachsen, drüsig behaart, Kelchröhre schwach aufgeblasen; Blütenblätter tief zweispaltig; Apr.–Aug.; 30–90 cm, ⊙.
Vorkommen: Wiesen, Wälder, Gebüsche, quellige Standorte; feuchte, nährstoffreiche Lehmböden; häufig.
Wissenswertes: Die Rote Lichtnelke besitzt getrenntgeschlechtliche Blüten, die auf verschiedenen Pflanzen zu finden sind. Im Unterschied zur Weißen Lichtnelke sind ihre duftlosen Blüten bei Tag geöffnet. Nur langrüsselige Insekten, wie Hummeln, manche Schwebfliegen und Tagfalter können an den tief am Blütenboden verborgenen Nektar gelangen. Dabei bestäuben sie die Blüten.

Gemeine Küchenschelle

Pulsatilla vulgaris

Kennzeichen: Grundblätter zur Blütezeit erst schwach entwickelt, Stengelblätter einen vielzipfeligen Hochblattquirl bildend. März–Mai; 5–40 cm, ♃, ☠, ▽.

Vorkommen: Magerrasen, lichte Kiefernwälder; trockene, steinige oder sandige Böden, wärmeliebend; zerstreut, im nördlichen Tiefland sehr selten, dem Alpenraum fehlend.

Wissenswertes: Bei trübem Wetter nicken die Blüten. Der deutsche Name ist möglicherweise eine Verkleinerungsform von „Kuhschelle". Die Blüten werden bereits im Spätsommer des Vorjahres angelegt. Gegen Winterfröste sind sie durch eine dicht behaarte Hülle geschützt. Dies ermöglicht ein Aufblühen schon an den ersten warmen Märztagen.

Rote Pestwurz

Petasites hybridus

Kennzeichen: Stengel mit rötlichen Blattschuppen; Laubblätter grundständig, sehr groß, herz- bis nierenförmig, gezähnt, erst nach der Blütezeit erscheinend. März–Mai; 15–100 cm, ♃.
Vorkommen: Ufer von Fließgewässern, Auwälder, sumpfige Wiesen; nasse, nährstoffreiche Böden; häufig, im Nordosten zerstreut.
Wissenswertes: Der widerlich riechende Wurzelstock, der ätherische Öle, Bitter- und Gerbstoffe enthält, wurde früher als Heilmittel bei Fieber, Epilepsie und Viehseuchen angewandt. An seinen Einsatz gegen die Pest im Mittelalter erinnert noch der Name Pestwurz. Die seltenere **Weiße Pestwurz** (*P. albus*, März–Mai) besitzt weißliche Blüten und bleiche Stengelschuppen.

Hohler Lerchensporn

Corydalis cava

Kennzeichen: Stengelblätter zart, doppelt 3zählig, tief eingeschnitten; Tragblätter der Blüten ganzrandig. März–Mai; 10–35 cm, ♃, ☠, ▽.
Vorkommen: Krautreiche Wälder und Gebüsche; besonders auf feuchten, nährstoffreichen Lehmböden; zerstreut, im Nordwesten selten bis fehlend.
Wissenswertes: Der Hohle Lerchensporn enthält viele, teilweise stark giftige Alkaloide. Nur einem davon kommt auch heute noch bei der Behandlung von Erregungserscheinungen Bedeutung zu. Die hohle Knolle (Name!) wurde früher zu Wurmkuren und als Brechmittel verwendet. Der seltene **Gefingerte Lerchensporn** (*C. solida,* Apr.–Mai) zeichnet sich durch fingerförmig eingeschnittene Tragblätter aus.

Frühlings-Platterbse

Lathyrus vernus

Kennzeichen: Stengel kantig, ungeflügelt; Blätter paarig gefiedert, ohne Ranke, mit vier bis sechs breit-eiförmigen Teilblättchen. Apr. – Mai; 20 – 60 cm, ♃.

Vorkommen: Krautreiche Wälder; nährstoffreiche, kalkhaltige Böden; häufig, im nördlichen Tiefland selten bis fehlend.

Wissenswertes: Der deutsche Name der Gattung bezieht sich auf die zwar erbsenähnlichen, aber abgeplatteten Samen. Die Blüten der Frühlings-Platterbse fallen durch ihren Farbwechsel von Purpur nach Trübblau auf. Dies wird durch eine Veränderung des Säuregrades im Zellsaft hervorgerufen. Bei jungen Blüten ist der Zellsaft sauer (Blüten rot), bei älteren ist er neutral bis schwach alkalisch (Blüten blau).

Purpurrote Taubnessel

Lamium purpureum

Kennzeichen: Pflanze brennnesselartig, jedoch ohne Brennhaare; Blätter kreuzgegenständig, die oberen rötlich; Blütenkronröhre gerade. März–Okt.; 10–45 cm, ⊙–⊙.

Vorkommen: Äcker, Gärten, Weinberge, Ödland; Lehmböden; Stickstoffzeiger; Kulturbegleiter; sehr häufig.

Wissenswertes: Schon in prähistorischer Zeit wurde die Purpurrote Taubnessel mit Kulturpflanzen aus Westasien eingeschleppt. Ähnliche rotblühende Taubnessel-Arten: Die **Gefleckte Taubnessel** (*L. maculatum,* März–Okt.) besitzt große Blüten mit gekrümmter Kronröhre, und die **Stengelumfassende Taubnessel** (*L. amplexicaule,* März–Okt.) ist wegen ihrer oberen, stengelumfassenden Blätter unverwechselbar.

Helm-Knabenkraut

Orchis militaris

Kennzeichen: Obere Blütenblätter einen „Helm“ bildend, außen blaßrosa, innen mit dunklen Nerven, Lippe fein rot gepunktet. Mai–Juni; 25–50 cm, ♃, ▽.

Vorkommen: Magerrasen, lichte Wälder, Gebüsche; kalkreiche, selten feuchte Böden; zerstreut, im nördlichen Tiefland selten.

Wissenswertes: Beide, wissenschaftlicher und deutscher Name beziehen sich auf die Helmform der Blüte (Sturmhaube). Die Knolle enthält – wie die anderer Knabenkräuter – reichlich Stärke und Schleimstoffe, die bei uns als „Salep“ medizinisch verwendet wurden. In der Türkei dient er heute noch zur Speiseeiszubereitung: Mit Milch und Zucker entsteht eine plastische, wohlschmeckende Masse.

Efeu-Ehrenpreis

Veronica hederifolia

Kennzeichen: Stengel am Grunde niederliegend; Blätter rundlich, 3–7lappig, efeuähnlich; Blüten einzeln in den Blattachseln, 4–6 mm breit. März–Mai; 5–30 cm, ⊙.
Vorkommen: Äcker, Weinberge, Gärten, Hecken, Auwälder; nährstoffreiche Lehmböden; sehr häufig.
Wissenswertes: Bei milder Witterung grünt die Pflanze fast den ganzen Winter über. Sie erträgt leichten Frost, da sie in ihren Zellen Zucker statt Stärke speichert und damit den Gefrierpunkt des Zellsaftes herabsetzt. An den Blättern ist sie von anderen Ehrenpreis-Arten gut zu unterscheiden. Der **Persische Ehrenpreis** (*V. persica,* März–Dez.) besitzt gekerbt-gesägte Blätter und große, 8–12 mm breite Blüten.

Frühlings-Enzian

Gentiana verna

Kennzeichen: Grundblätter rosettig, größer als die Stengelblätter; Stengel stets einblütig; Kelch schmal geflügelt. März – Mai; 3 – 20 cm, ♃, ▽.

Vorkommen: Magerrasen, Heiden, Bergwiesen, Flachmoore; oft kalkhaltige, steinige Böden; zerstreut, in Mitteldeutschland selten, im Norden fehlend.

Wissenswertes: In warmen Jahren blüht der Frühlings-Enzian im Herbst noch ein zweites Mal. Er gehört wie etliche andere blau- oder rotblühende Pflanzenarten zu den „Gewitterpflanzen". Nach Volksglauben dürfen sie nicht gepflückt und in die Vase gestellt werden, da sie Gewitter und Blitz anziehen. Volksnamen wie „Wetterveilchen" oder „Hausabbrenner" nehmen darauf Bezug.

Echtes Lungenkraut

Pulmonaria officinalis

Kennzeichen: Pflanze rauh behaart; Grundblätter an der Basis herzförmig oder abgerundet, gefleckt; Krone erst rosa, dann bläulich-violett. März–Mai; 10–30 cm, ♃.
Vorkommen: Krautreiche Laubmischwälder, Gebüsche; gerne auf nährstoffreichen Lehmböden; zerstreut, nördlich der Donau sehr selten.
Wissenswertes: Die Blätter mit ihrer hellen Fleckung erinnern an menschliche Lungen. Daher wurden sie früher in Form von Tee, Pulver oder Sirup als Heilmittel bei Lungen- und Halskrankheiten verwendet. Die Blätter des vor allem in Mittel- und Norddeutschland häufigeren **Dunklen Lungenkrauts** (*P. obscura,* März–Apr.) sind weich behaart und höchstens schwach gefleckt.

Blauroter Steinsame

Lithospermum purpurocaeruleum

Kennzeichen: Pflanze rauh behaart; Blätter wechselständig; Blütenkrone zuerst purpurn, dann azurblau, 10–15 mm breit. Apr.–Juni; 30–60 cm, ♃, ▽.

Vorkommen: Lichte Laubwälder und Gebüsche; kalkhaltige, lockere Böden; wärmeliebend; selten, dem nördlichen Tiefland, dem Alpenvorland und den Alpen überwiegend fehlend.

Wissenswertes: Den kleinen, harten, glänzend weißen Teilfrüchten verdankt der Steinsame seinen Namen. Wie bei der Frühlings-Platterbse wechselt die Blütenfarbe von Rot nach Blau. Behaarte Wülste schützen den Eingang zur Blütenröhre, an deren Grunde der Nektar verborgen ist. Hierzu haben nur langrüsselige Insekten (z. B. Hummeln) Zugang.

Leberblümchen

Hepatica nobilis

Kennzeichen: Blätter grundständig, dreilappig; Blüten groß, 6–10 leicht abfallende Blütenblätter. März–Mai; 8–25 cm, ♃, (☠), ▽.
Vorkommen: Krautreiche Wälder; kalkhaltige, nährstoffreiche Lehmböden; zerstreut, im Nordwesten fehlend; Zierpflanze.
Wissenswertes: Der deutsche Name verweist auf die Ähnlichkeit des dreiteiligen Blattes mit den Lappen einer Leber. Deshalb wurde das Kraut früher aufgrund der Signaturenlehre in der Medizin gegen Leberleiden verordnet. Bei Nacht und Regenwetter schließen sich die Blüten, während sie sich bei Tageslicht weit öffnen. Während der achttägigen Blütezeit verdoppelt sich die Länge der Blütenhüllblätter. Anschließend fallen sie ab.

Zweiblättriger Blaustern

Scilla bifolia

Kennzeichen: Zwiebel meist nur mit einem Stengel und zwei Blättern; zwei bis acht langgestielte Blüten. März–Apr.; 10–20 cm, ♃, ▽.
Vorkommen: Krautreiche Laub- und Auwälder, Gebüsche; feuchte, nährstoffreiche Lehm- und Tonböden; zerstreut bis selten, nördlich bis Mitteldeutschland.
Wissenswertes: Bei schlechter Witterung bleibt nicht selten der Insektenbesuch und damit die vorteilhaftere Bestäubung mit Pollen fremder Blüten aus. Die Blüten des Zweiblättrigen Blausterns schließen sich aber beim Welken so, daß Staubbeutel und Narben einander berühren und Selbstbestäubung stattfinden kann. In unseren Gärten wird der **Sibirische Blaustern** *(S. sibirica)* häufig angepflanzt.

Kleine Traubenhyazinthe

Muscari botryoides

Kennzeichen: Grundblätter 5–10 mm breit; Traube dicht; Blüten nickend, blau, mit weißem, sechszähnigem Saum, geruchlos. Apr.–Mai; 10–30 cm, ♃, ▽.
Vorkommen: Bergwiesen, Magerrasen, lichte Wälder; tiefgründige, kalkreiche Lehm- und Tonböden; im Süden zerstreut, im Norden sehr selten; Zierpflanze, gelegentlich verwildert.

Wissenswertes: Durch die Intensivierung der Grünlandwirtschaft ist die Kleine Traubenhyazinthe stark gefährdet. Vor allem im Norden sind viele Vorkommen in den letzten Jahren erloschen. Bedeutendere gibt es noch auf der Schwäbischen Alb. „Baurenbüble" heißen die Pflanzen dort, da sie an „kleine Männchen im blauen Überhemd" erinnern.

März-Veilchen

Viola odorata

Kennzeichen: Blätter grundständig, breit herzförmig, gekerbt; Nebenblätter eiförmig, 3–4 mm breit; Blüten duftend. März–Apr.; 5–10 cm, ♃.

Vorkommen: Gebüsche, lichte Wälder, Waldränder; nährstoffreiche Böden etwas schattiger Standorte; zerstreut; Zierpflanze.

Wissenswertes: In den meisten Teilen Mitteleuropas ist das März-Veilchen nicht ursprünglich. Es ist häufig aus Gärten verwildert und heute überall völlig eingebürgert. Verwendung fand und findet es als Zier- und Heilpflanze. Veilchensirup oder Veilchentee wird bei Halsentzündungen, Husten und Verschleimungen der Luftwege verabreicht. Kandierte Blüten sind beliebte Verzierungen von Pralinen und Törtchen.

Wald-Veilchen

Viola reichenbachiana

Kennzeichen: Stengel aufrecht oder niederliegend; Grund- und Stengelblätter breit herzförmig, gekerbt; Nebenblätter kammartig gefranst; Sporn dunkelviolett, dünn, mit abgerundeter Spitze. März–Mai; 5–25 cm, ♃.
Vorkommen: Krautreiche Laubmischwälder; nährstoffreiche Lehmböden schattiger Standorte; häufig.
Wissenswertes: Zur Sicherung der Samenbildung entwickeln viele Veilchen-Arten neben normal gestalteten Blüten auch stark verkümmerte. Diese bleiben geschlossen und es findet Selbstbestäubung statt. Etwas später blüht das sehr ähnliche **Hain-Veilchen** (*V. riviniana,* Apr.–Juni). Es ist an dem kurzen, dicken, weißlichen und an der Spitze ausgerandeten Sporn gut zu erkennen.

Kriechender Günsel

Ajuga reptans

Kennzeichen: Weit kriechende, oberirdische Ausläufer mit endständigen Rosetten; Blätter kreuzgegenständig; Blüten zu 6–12 in den Blattachseln; Oberlippe unscheinbar. Apr.–Aug.; 7–30 cm, ♃.
Vorkommen: Wiesen, Laubmischwälder, Gebüsche; etwas feuchte, nährstoffreiche Lehmböden; sehr häufig.
Wissenswertes: Die Früchte aller Lippenblütler, die „Klausenfrüchte“, bestehen aus vier meist kugeligen bis eiförmigen Teilfrüchtchen. Beim Kriechenden Günsel besitzen sie ein ölhaltiges Anhängsel, das von Ameisen gerne gefressen wird. Die Tiere sorgen dabei für die Verbreitung. Im Garten werden als Bodendecker gerne rosa- oder weißblühende Pflanzen oder eine braunrote Blattvariante angepflanzt.

Gundermann, Gundelrebe

Glechoma hederacea

Kennzeichen: Stengel kriechend oder aufsteigend; Blätter kreuzgegenständig, nierenförmig, grob gekerbt; Blüten zu 2–3 in den Blattachseln; Oberlippe flach. März–Juni; 15–40 cm, ♃.

Vorkommen: Wiesen, Weiden, Gebüsche, Laubwälder; feuchte, nährstoffhaltige Böden; sehr häufig.

Wissenswertes: Bei den Germanen stand der Gundermann als Sitz der Hausgeister in hohem Ansehen. Im Mittelalter sagte man ihm nach, hellseherisch zu machen. Am Walpurgisabend gesammelt und zum Kranz geflochten, sollte er die Fähigkeit verleihen, Hexen zu erkennen. Als früheres Wundheilmittel könnte der deutsche Name vom gotischen „gund = Eiter, Geschwür" abgeleitet sein.

Stinkende Nieswurz

Helleborus foetidus

Kennzeichen: Untere Blätter handförmig 7–9teilig, nach oben kleiner und einfacher werdend; Blütenhülle glokkig, am Rande rötlich. März–Mai; 30–80 cm, ♃, ☠.
Vorkommen: Krautreiche Wälder, Gebüsche, Waldsäume; nährstoffreiche, humose oder steinige Lehmböden; zerstreut im Westen und Südwesten.
Wissenswertes: Die Nieswurz-Arten sind schon seit dem Altertum als Gift- und Heilpflanzen bekannt und wurden zur Heilung von Geisteskrankheiten eingesetzt. Sie enthalten auch ein herzwirksames Glykosid. In Gärten wird häufig die weißblühende **Christrose** (*H. niger*, Jan.–März) angepflanzt. Wild kommt sie hier sehr selten im Osten der Nördlichen Kalkalpen vor.

Stachelbeere

Ribes uva-crispa

Kennzeichen: Strauch mit ein- bis dreiteiligen Stacheln; Blätter 3–5lappig; Blüten zu 1–3 an kurzen, beblätterten Seitentrieben. April–Mai; 60–150 cm, ♄.
Vorkommen: Feuchte Wälder, Säume, Gebüsche; nährstoffreiche, oft kalkhaltige Lehmböden schattiger Standorte; zerstreut.
Wissenswertes: Seit dem 16. Jahrhundert wird die Stachelbeere in Mitteleuropa kultiviert. Durch Züchtungen und Einkreuzen anderer Arten entstanden die heute über 500 Kultursorten mit grünen, gelben oder roten Früchten. Häufig werden die Pflanzen vom Stachelbeer-Mehltau befallen, der um 1900 nach Europa eingeschleppt wurde. Zu seiner Bekämpfung genügt häufig ein regelmäßiger Winterschnitt.

Moschuskraut

Adoxa moschatellina

Kennzeichen: Blätter einfach bis doppelt 3zählig gefiedert, Stengelblätter zu zweien, gegenständig; Blüten in endständigen, würfelförmigen Köpfchen. März–Mai; 5–15 cm, ♃.

Vorkommen: Laubmischwälder, Auwälder, Gebüsche; feuchte, nährstoffhaltige, oft kalkhaltige Böden; zerstreut bis selten.

Wissenswertes: Der Name Moschuskraut rührt von dem moschus- oder bisamartigen Geruch der Blätter her. Ein weiterer Name ist daher Bisamkraut. Die Blüten verbreiten im Gegensatz zu den Blättern einen schwachen Fäulnisgeruch. Sie werden von kleinen Fliegen bestäubt. Die Blüten des Köpfchens sind nicht alle gleich: die Gipfelblüte ist 4zählig, alle Seitenblüten sind 5zählig.

Einbeere

Paris quadrifolia

Kennzeichen: Meist vierquirlständige, netznervige Blätter; Blüten einzeln; Frucht eine blauschwarze Beere. Mai–Juni; ♃, ☠.
Vorkommen: Krautreiche Laubmischwälder; gern auf feuchten, nährstoffreichen Ton- und Lehmböden; zerstreut, im Süden häufig.
Wissenswertes: Zu Zeiten der Pest sollte die Frucht der Einbeere, über den Türen oder dem Kruzifix aufgehängt, die Krankheit abwehren. Bei Genuß der Beeren kann es zu schweren Vergiftungserscheinungen kommen. Der Gattungsname ist der griechischen Mythologie entnommen. Die Beere, Symbol des Erisapfels, wird von vier Blättern umgeben, die Athene, Hera, Aphrodite und dem Schiedsrichter Paris zuzuordnen sind.

Europäische Haselwurz

Asarum europaeum

Kennzeichen: Stengel kriechend; zwei immergrüne, nierenförmige, glänzende Blätter; Blüten dicht über dem Boden oder im Mull. März – Mai; 5 – 10 cm, ♃, ☠.
Vorkommen: Krautreiche Laubmischwälder; feuchte, kalkhaltige Lehm- oder Tonböden; häufig bis zerstreut, im Nordwesten fehlend.
Wissenswertes: Das Gift der Haselwurz ist ein stark reizendes ätherisches Öl, das brennend scharf schmeckt. Es ist hauptsächlich in den Wurzelstöcken enthalten. Beim Menschen ruft es Hautreizung und Blasenbildung, innerlich genommen Erbrechen, Durchfall und Schwäche bis zum Kollaps hervor. Früher galt es als wichtiges Arzneimittel und wurde vor allem als Brech- und Hustenmittel eingesetzt.

Wald-Bingelkraut

Mercurialis perennis

Kennzeichen: Blätter gegenständig, gestielt, eiförmig-lanzettlich; männliche Blüten in Ähren, die weiblichen zu 1–2 in den Blattachseln, beide auf verschiedenen Pflanzen. April–Mai; 15–30 cm, ♃, ☠.
Vorkommen: Krautreiche Laubmischwälder, Gebüsche; feuchte, nährstoffreiche, oft steinige Böden schattiger Standorte; häufig.
Wissenswertes: Nach der griechischen Mythologie soll der Gott Merkur (Name!) die Heilkräfte des Bingelkrauts entdeckt und angewendet haben. Es wurde vor allem wegen seiner abführenden Eigenschaften geschätzt. Die Samen des Bingelkrauts werden, wie die vieler anderer Waldpflanzen auch, von Ameisen verbreitet, die nur die nährstoffreichen Anhängsel der Samen fressen.

Zypressen-Wolfsmilch

Euphorbia cyparissias

Kennzeichen: Pflanze mit weißem Milchsaft; Blätter zahlreich, dichtstehend, schmal-lineal; Trugdolde vielstrahlig; Hüllchenblätter gelb, später rot; Honigdrüsen zweihörnig. Apr.–Mai; 15–30 cm, ♃, ☠.

Vorkommen: Magerrasen und -weiden, lichte Wälder, Gebüsche und Säume; trokkene, kalkhaltige Böden sonniger Standorte; häufig.

Wissenswertes: Die Wolfsmilch-Arten besitzen komplizierte „Scheinblüten": zahlreiche männliche Blüten und eine darüberstehende weibliche sind in einem glockigen Hüllbecher vereint. Am Rand stehen ovale oder zweihörnige Honigdrüsen. Die Zypressen-Wolfsmilch ist die Futterpflanze der farbenprächtigen Raupen des Wolfsmilchschwärmers.

Gefleckter Aronstab

Arum maculatum

Kennzeichen: Blätter pfeilförmig, manchmal gefleckt; Hüllblatt grünlich-weiß; Kolben purpurn bis braun; Beeren rot. Apr. – Juni; 15 – 50 cm, ♃, ☠.

Vorkommen: Krautreiche Laubwälder, Gebüsche; nährstoffreiche, humose, oft feuchte Lehmböden; zerstreut, im Norden selten.

Wissenswertes: Der Blütenstand ist eine „Kesselblumenfalle". Vom Duft angelockte, kleine Insekten fallen in den Kessel, wo sich die männlichen und weiblichen Blüten befinden. Glatte Wände und Borsten am Eingang verhindern ein Entkommen. Erst nach der Bestäubung welken die Borsten, und die Insekten verlassen den Kessel, um angelockt vom nächsten Aronstab erneut eingefangen zu werden.

Haselstrauch

Corylus avellana

Kennzeichen: Junge Zweige behaart; Blätter rundlich-herzförmig, zur Blütezeit noch nicht entwickelt; weibliche Blütenstände knospenförmig, mit roten Narben, die männlichen in hängenden, walzenförmigen Kätzchen. Feb.–Apr.; 2–6 m, ♄.

Vorkommen: Krautreiche Laubmischwälder, Gebüsche, Waldränder, wärmeliebend; häufig; Zierstrauch.

Wissenswertes: Der Haselstrauch spielt eine große Rolle im Volksglauben, so als Fruchtbarkeitssymbol oder als gewitterabwehrende Kraft. Seine Zweige sollen für Wünschelruten bestens geeignet sein. Seine Nüsse sind sehr nahrhaft und werden im Haushalt vielseitig verwendet. Durch Pressung erhält man das sehr wohlschmeckende Nußöl.

Hänge-Birke

Betula pendula

Kennzeichen: Rinde weißlich; Zweige hängend; Blätter rautenförmig, spitz; männliche und weibliche Kätzchen walzenförmig; Früchte klein, geflügelt. Apr. – Mai; bis 25 m, ♄.

Vorkommen: Lichte Laubmischwälder, Gebüsche; nährstoffarme, etwas feuchte, saure Böden; sehr häufig; Park- und Forstbaum.

Wissenswertes: Die Birke ist eine Pionierholzart, die auf Kahlschlägen die Wiederbewaldung einleitet. Das schnelle und weite Ausbreitungsvermögen der geflügelten Früchte sowie ihre rasche Wüchsigkeit befähigen sie dazu. Die Rinde liefert Birkenteer und nach Destillation Birkenöl. Aus dem leichten, weichen, aber festen Holz werden land- und hauswirtschaftliche Geräte gefertigt.

Schwarz-Erle

Alnus glutinosa

Kennzeichen: Blätter rundlich, vorne stumpf oder ausgerandet, gesägt; männliche Kätzchen walzenförmig, hängend, weibliche Kätzchen klein, rundlich, zur Fruchtzeit verholzend und zapfenartig. März–Apr.; bis 20 m, ♄.
Vorkommen: Au- und Bruchwälder; feuchte bis nasse, nährstoffreiche, kalkarme Böden; Parkbaum.
Wissenswertes: Eine Besonderheit der Erlenwurzeln ist das Vorkommen von „Wurzelknöllchen“. Sie sind für die Ernährung der Erle sehr wichtig. Mit Hilfe der darin lebenden Strahlenpilze ist sie in der Lage, den freien Luftstickstoff zum Aufbau eigener Eiweißstoffe zu verwerten. Eine ähnliche Symbiose ist von Schmetterlingsblütlern bekannt, die mit Bakterien zusammenleben.

Rotbuche

Fagus sylvatica

Kennzeichen: Blätter eiförmig, am Rande gewimpert; Blütenstände kugelig, die männlichen hängend, die weiblichen aufrecht; Fruchtbecher stachelig mit zwei dreikantigen Nüssen („Bucheckern"). Apr.–Mai; bis 40 m, ħ.

Vorkommen: Wälder, Gebüsche; sehr häufig; Park- und Forstbaum.

Wissenswertes: Rotbuchenwälder sind in Mitteleuropa weit verbreitet, obwohl sich ihr Anteil seit dem ausgehenden Mittelalter zugunsten von Nadelhölzern verkleinert hat. An ihre natürlichen Grenzen stoßen sie auf sehr nassen Böden, in extrem warmen und trockenen Lagen oder im Gebirge, so in den Alpen etwa bei 1200–1600 m, wo andere Pflanzengesellschaften sie ablösen.

Stiel-Eiche

Quercus robur

Kennzeichen: Blätter gelappt, mit herzförmigem Grund, kurz gestielt; männliche Kätzchen hängend, lockerblütig, weibliche Blüten zu 2–5 an einem Stiel; Fruchtbecher mit einer Nuß (Eichel). Apr.–Mai; bis 40 m, ♄.

Vorkommen: Laubmischwälder, Gebüsche von der Ebene bis in mittlere Berglagen; häufig; Park- und Forstbaum.

Wissenswertes: Das Holz der Eichen ist besonders hart, fest und dauerhaft und wird deshalb gerne im Hoch- und Tiefbau sowie zur Möbelherstellung verwendet. Die heutige Forsttechnik verhindert vielerorts das Liegenbleiben von Altholz. So ist z. B. der große Hirschkäfer, dessen Larve sich im Mulm abgestorbener Eichen entwikkelt, sehr selten geworden.

Sal-Weide, Palm-Weide

Salix caprea

Kennzeichen: Blätter elliptisch, unterseits graufilzig; männliche und weibliche Kätzchen auf getrennten Pflanzen, vor dem Laub erscheinend, groß, eiförmig, anfangs in einen dichten weißen Pelz gehüllt. März–Apr.; 3–9 m, ♄.

Vorkommen: Kiesgruben, Ödland, Waldränder, Waldschläge; nährstoffreiche, mäßig feuchte Böden; häufig.

Wissenswertes: Die am Palmsonntag in der Kirche geweihten Kätzchen der Sal-Weide werden im Haus oder im Stall aufbewahrt und sollen vor Unheil, vor allem aber vor Blitzschlag schützen. Der weit verbreitete Name Palm-Weide geht auf diesen Brauch zurück. Wegen ihrer sehr zeitigen Blüte ist sie ein wichtiger Pollen- und Nektarlieferant für Bienen.

Gemeine Esche

Fraxinus excelsior

Kennzeichen: Knospen schwarz; Blätter gegenständig, unpaarig 9–15teilig gefiedert; Blüten vor dem Laub erscheinend, in abstehenden Rispen; Frucht länglich, geflügelt. Apr.–Mai; bis 40 m, ♄.
Vorkommen: Krautreiche Laubmisch-, Au- und Schluchtwälder; feuchte, nährstoffreiche Böden; häufig; Park- und Forstbaum.
Wissenswertes: Die windbestäubten Blüten der Esche können weiblich, männlich oder zwittrig und manchmal sogar auf unterschiedliche Bäume verteilt sein. Die Rinde wurde früher medizinisch gegen Wechselfieber und Würmer verordnet. Sie eignet sich aber auch zum Gerben von Leder. Das feste, elastische Holz wird gerne für Turngeräte, Werkzeug und Furniere verarbeitet.

Register

Mit 97 Farbfotos von Aichele (6, 8, 12, 13, 14, 17, 18, 20, 22, 26, 28, 29, 31, 32, 35, 38, 40, 41, 43, 49, 53, 55, 56, 59, 60, 62, 63, 66, 67, 68, 73, 74, 76, 82, 84, 85, v. Kl. 1), Bärtels (91), Lange (69), Laux (16, 39, 44,45, 52, 64, 65, 77, 88, 89), Layer (21, 72, 75), Marktanner (27, 37, 50, 70, v. Kl. 8), Reinhard (2/3, 9, 10, 15, 24, 25, 30, 46, 54, 57, 61, 71, 92, 93), Schrempp (7, 19, 23, 33, 34, 51, 78, 81, 83, 86, 90), Synatschke (v. Kl. 2), Vogt (42, 79, v. Kl. 5, 7), Willner (48, 58, v. Kl. 4, 6), Wothe (11, 36, 47, 80, 87, v. Kl. 3)
Mit 55 Farbzeichnungen von M. Golte-Bechtle

Umschlag von Jürgen Reichert, Stuttgart
Umschlagvorderseite: Busch-Windröschen (Reinhard), Umschlagrückseite: Küchenschelle (Willner) und Aronstab (Schrempp).

Die Deutsche Bibliothek –
CIP-Einheitsaufnahme

Frühlingsboten / Dagmar Lange. –
Stuttgart : Franckh-Kosmos, 1993
(Kosmos-Naturführer)
ISBN 3-440-06419-0
NE: Lange, Dagmar

ISBN 3-440-06419-0
Lektorat: Rainer Gerstle und Iris Kunz
Grundlayout: Jürgen Reichert
Herstellung: Lilo Pabel
Printed in Italy/Imprimé en Italie
Satz: Kittelberger, Reutlingen
Reproduktion: Repro GmbH, Fellbach
Druck: Printer Trento S.r.l., Trento

Blütenstände

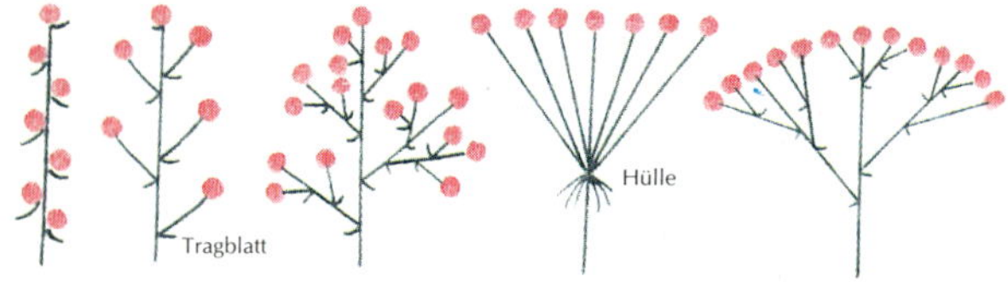

Ähre　Traube　Rispe　Einfache Dolde　Trugdolde (Schirmrispe)

Spezielle Blütenstände

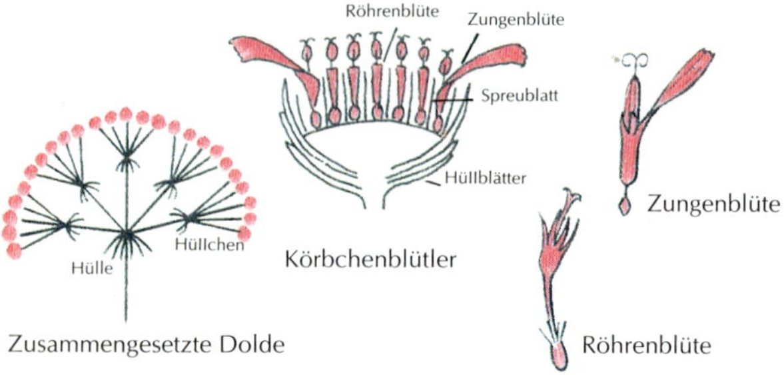

Zusammengesetzte Dolde　Körbchenblütler

Blattstellung

gekreuzt gegenständig　quirlständig　wechselständig　grundständig

Nervatur

fiedernervig　netznervig　parallelnervig　bogennervig